M000120612

NAME

CONTACT

People who love to eat
are always the best people.

Julia Child

LOVE TO EAT? Love trying new things? Wish you could remember that little joint you stumbled upon last summer? Or that recipe your mom used when company came over? Or how to make that yummy punch for the baby shower you got roped into hosting? If your answer to any of these questions is "yes," this journal is for you.

The journal is divided into two basic sections: Restaurants and Recipes. In the restaurant section, there is a box at the top of the page to hold all the pertinent information (name, date, rating, etc.) followed by a section to note what is a "must order" and what to avoid. There is plenty of space for notes about the meal, the company, the atmosphere, and any other journaling you want to do. The recipe section also has a box for the significant information followed by space for ingredients, directions, notes, and nutrition. With two pages dedicated to each restaurant or recipe, there is room for a photo or two to be added, doodling, or journaling about the occasion that brought you to this restaurant or recipe.

To make accessing restaurants and recipes easy, we have five pages set aside for an index. It is left blank so you can use it in a variety of ways: List out names and page numbers one after the other as you fill in the book; make divisions by cuisine—Mexican, Japanese, Keto, OMG Desserts, etc.; divide the index by star rating; or make up your own system. It is your journal, your choice. Write out the recipe or restaurant information in the appropriate section and then add the page number in the index. No more googling maps and reviews or getting long texts from your mom with grandma's recipe. Open the book, check the index, and move on.

Eat, drink, and merrily keep track of it all!

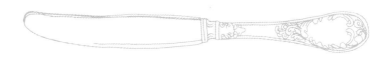

INDEX

RESTAURANTS

I am the kind of person who really will drive hours for a bowl of chili.
I am not a three-star restaurant kind of person; I'm just a food person.

Nora Ephron

RESTAURANT |		DATE	___ / ___ / _____
LOCATION |		RATE	☆ ☆ ☆ ☆ ☆

BREAKFAST | BRUNCH | LUNCH | APPETIZER | DINNER | DESSERT | DRINK

MUST ORDER: ....

....

....

AVOID: ....

....

....

NOTES: ....

....

....

....

....

....

....

....

....

....

....

....

....

....

....

RESTAURANT		DATE	___ / ___ / ___
LOCATION		RATE	☆ ☆ ☆ ☆ ☆

CIRCLE	BREAKFAST | BRUNCH | LUNCH | APPETIZER | DINNER | DESSERT | DRINK

MUST ORDER:

....

....

AVOID:

....

....

NOTES:

....

....

....

....

....

....

....

....

....

....

....

....

....

....

....

RESTAURANT |	DATE ___ / ___ / ___
LOCATION |	RATE ☆ ☆ ☆ ☆ ☆

CIRCLE | BREAKFAST | BRUNCH | LUNCH | APPETIZER | DINNER | DESSERT | DRINK

MUST ORDER: ....
....

AVOID: ....
....

NOTES: ....
....
....
....
....
....
....
....
....
....
....
....
....
....

 14

There is no sincerer love than the love of food.

George Bernard Shaw

RESTAURANT		DATE	___ / ___ / ___
LOCATION		RATE	☆ ☆ ☆ ☆ ☆

CIRCLE | BREAKFAST | BRUNCH | LUNCH | APPETIZER | DINNER | DESSERT | DRINK

MUST ORDER:

AVOID:

NOTES:

RESTAURANT		DATE	___ / ___ / ___
LOCATION		RATE	☆ ☆ ☆ ☆ ☆

CIRCLE | BREAKFAST | BRUNCH | LUNCH | APPETIZER | DINNER | DESSERT | DRINK

MUST ORDER: ....
....
....

AVOID: ....
....
....

NOTES: ....
....
....
....
....
....
....
....
....
....
....
....
....
....
....
....

RESTAURANT		DATE	___ / ___ / ___
LOCATION		RATE	☆ ☆ ☆ ☆ ☆

CIRCLE | BREAKFAST | BRUNCH | LUNCH | APPETIZER | DINNER | DESSERT | DRINK

MUST ORDER: ....

....

....

AVOID: ....

....

....

NOTES: ....

....

....

....

....

....

....

....

....

....

....

....

....

....

....

....

....

RESTAURANT |	DATE ___ / ___ / ___
LOCATION |	RATE ☆ ☆ ☆ ☆ ☆

CIRCLE | BREAKFAST | BRUNCH | LUNCH | APPETIZER | DINNER | DESSERT | DRINK

MUST ORDER: ....
....
....

AVOID: ....
....
....

NOTES: ....
....
....
....
....
....
....
....
....
....
....
....
....
....
....

Life is uncertain. Eat dessert first.
Ernestine Ulmer

RESTAURANT		DATE	___ / ___ / ___
LOCATION		RATE	☆ ☆ ☆ ☆ ☆

CIRCLE | BREAKFAST | BRUNCH | LUNCH | APPETIZER | DINNER | DESSERT | DRINK

MUST ORDER: ....

....

....

AVOID: ....

....

NOTES: ....

....

....

....

....

....

....

....

....

....

....

....

....

....

RESTAURANT		DATE	___ / ___ / ___
LOCATION		RATE	☆ ☆ ☆ ☆ ☆

CIRCLE | BREAKFAST | BRUNCH | LUNCH | APPETIZER | DINNER | DESSERT | DRINK

MUST ORDER: ....

....

....

AVOID: ....

....

....

NOTES: ....

....

....

....

....

....

....

....

....

....

....

....

....

....

....

....

RESTAURANT		DATE ___ / ___ / ___
LOCATION		RATE ☆ ☆ ☆ ☆ ☆

BREAKFAST | BRUNCH | LUNCH | APPETIZER | DINNER | DESSERT | DRINK

MUST ORDER: ....
....
....

AVOID: ....
....
....

NOTES: ....
....
....
....
....
....
....
....
....
....
....
....
....
....
....
....

RESTAURANT		DATE	___ / ___ / ___
LOCATION		RATE	☆ ☆ ☆ ☆ ☆

CIRCLE: BREAKFAST | BRUNCH | LUNCH | APPETIZER | DINNER | DESSERT | DRINK

MUST ORDER: ....

....

AVOID: ....

....

NOTES: ....

....

....

....

....

....

....

....

....

....

....

....

....

....

 30

He was a bold man that first ate an oyster.

Jonathan Swift

RESTAURANT		DATE	___ / ___ / ____
LOCATION		RATE	☆ ☆ ☆ ☆ ☆

CIRCLE | BREAKFAST | BRUNCH | LUNCH | APPETIZER | DINNER | DESSERT | DRINK

MUST ORDER: ....

AVOID: ....

NOTES: ....

RESTAURANT		DATE	___ / ___ / ___
LOCATION		RATE	☆ ☆ ☆ ☆ ☆

CIRCLE	BREAKFAST	BRUNCH	LUNCH	APPETIZER	DINNER	DESSERT	DRINK

MUST ORDER: ....

....

....

AVOID: ....

....

....

NOTES: ....

....

....

....

....

....

....

....

....

....

....

....

....

....

....

| RESTAURANT | | DATE | ___ / ___ / ___ |
| LOCATION | | RATE | ☆ ☆ ☆ ☆ ☆ |

CIRCLE | BREAKFAST | BRUNCH | LUNCH | APPETIZER | DINNER | DESSERT | DRINK

MUST ORDER:

....

....

AVOID:

....

....

NOTES:

....

....

....

....

....

....

....

....

....

....

....

....

....

....

....

RESTAURANT |	DATE ___ / ___ / ___
LOCATION |	RATE ☆ ☆ ☆ ☆ ☆

CIRCLE | BREAKFAST \| BRUNCH \| LUNCH \| APPETIZER \| DINNER \| DESSERT \| DRINK

MUST ORDER: ....
....
....

AVOID: ....
....
....

NOTES: ....
....
....
....
....
....
....
....
....
....
....
....
....
....
....

Go and enjoy choice food and sweet drinks.

The Bible

RESTAURANT		DATE	___ / ___ / ___
LOCATION		RATE	☆ ☆ ☆ ☆ ☆

BREAKFAST | BRUNCH | LUNCH | APPETIZER | DINNER | DESSERT | DRINK

MUST ORDER: ....

....

....

AVOID: ....

....

NOTES: ....

....

....

....

....

....

....

....

....

....

....

....

....

....

....

| RESTAURANT \| | DATE ___/___/___ |
| LOCATION \| | RATE ☆ ☆ ☆ ☆ ☆ |

CIRCLE | BREAKFAST | BRUNCH | LUNCH | APPETIZER | DINNER | DESSERT | DRINK

MUST ORDER: ....

....

....

AVOID: ....

....

NOTES: ....

....

....

....

....

....

....

....

....

....

....

....

....

....

....

RESTAURANT		DATE	___ / ___ / ___
LOCATION		RATE	☆ ☆ ☆ ☆ ☆

CIRCLE | BREAKFAST | BRUNCH | LUNCH | APPETIZER | DINNER | DESSERT | DRINK

MUST ORDER: ....

....

....

AVOID: ....

....

NOTES: ....

....

....

....

....

....

....

....

....

....

....

....

....

....

....

RESTAURANT |	DATE ___ / ___ / ____
LOCATION |	RATE ☆ ☆ ☆ ☆ ☆

CIRCLE BREAKFAST | BRUNCH | LUNCH | APPETIZER | DINNER | DESSERT | DRINK

MUST ORDER: ....
....
....

AVOID: ....
....

NOTES: ....
....
....
....
....
....
....
....
....
....
....
....
....
....
....
....

You don't need a silver fork to eat good food.
Paul Prudhomme

RESTAURANT |	DATE	___ / ___ / ___
LOCATION |	RATE	☆ ☆ ☆ ☆ ☆

CIRCLE | BREAKFAST | BRUNCH | LUNCH | APPETIZER | DINNER | DESSERT | DRINK

MUST ORDER: ....

....

....

AVOID: ....

....

....

NOTES: ....

....

....

....

....

....

....

....

....

....

....

....

....

....

....

RESTAURANT		DATE	___ / ___ / ___
LOCATION		RATE	☆ ☆ ☆ ☆ ☆

CIRCLE | BREAKFAST | BRUNCH | LUNCH | APPETIZER | DINNER | DESSERT | DRINK

MUST ORDER: ....
....
....

AVOID: ....
....

NOTES: ....
....
....
....
....
....
....
....
....
....
....
....
....
....
....
....

RESTAURANT		DATE	___ / ___ / ____
LOCATION		RATE	☆ ☆ ☆ ☆ ☆

CIRCLE | BREAKFAST | BRUNCH | LUNCH | APPETIZER | DINNER | DESSERT | DRINK

MUST ORDER: ....

....

....

AVOID: ....

....

....

NOTES: ....

....

....

....

....

....

....

....

....

....

....

....

....

....

....

RESTAURANT		DATE	___ / ___ / ____
LOCATION		RATE	☆ ☆ ☆ ☆ ☆

CIRCLE: BREAKFAST | BRUNCH | LUNCH | APPETIZER | DINNER | DESSERT | DRINK

MUST ORDER: ....

....

AVOID: ....

....

NOTES: ....

....

....

....

....

....

....

....

....

....

....

....

....

....

Slow down awhile! Push aside the press of the immediate.

Gary Smalley and John Trent

RESTAURANT		DATE ___ /___ /____
LOCATION		RATE ☆ ☆ ☆ ☆ ☆

CIRCLE | BREAKFAST | BRUNCH | LUNCH | APPETIZER | DINNER | DESSERT | DRINK

MUST ORDER: ....

....

....

AVOID: ....

....

NOTES: ....

....

....

....

....

....

....

....

....

....

....

....

....

....

RESTAURANT		DATE	___ / ___ / ___
LOCATION		RATE	☆ ☆ ☆ ☆ ☆

CIRCLE | BREAKFAST | BRUNCH | LUNCH | APPETIZER | DINNER | DESSERT | DRINK

MUST ORDER: ....

....

AVOID: ....

....

NOTES: ....

....

....

....

....

....

....

....

....

....

....

....

....

....

RESTAURANT		DATE	___ / ___ / ____
LOCATION		RATE	☆ ☆ ☆ ☆ ☆

CIRCLE | BREAKFAST | BRUNCH | LUNCH | APPETIZER | DINNER | DESSERT | DRINK

MUST ORDER: ....

....

AVOID: ....

....

NOTES: ....

....

....

....

....

....

....

....

....

....

....

....

....

....

RESTAURANT		DATE	___ / ___ / ____
LOCATION		RATE	☆ ☆ ☆ ☆ ☆

CIRCLE | BREAKFAST | BRUNCH | LUNCH | APPETIZER | DINNER | DESSERT | DRINK

MUST ORDER: ....

....

....

AVOID: ....

....

....

NOTES: ....

....

....

....

....

....

....

....

....

....

....

....

....

....

....

....

I am not a glutton—I am an explorer of food.
Erma Bombeck

RESTAURANT		DATE	___/___/___
LOCATION		RATE	☆ ☆ ☆ ☆ ☆

CIRCLE	BREAKFAST | BRUNCH | LUNCH | APPETIZER | DINNER | DESSERT | DRINK

MUST ORDER:

AVOID:

NOTES:

 64

RESTAURANT		DATE	___ / ___ / ___
LOCATION		RATE	☆ ☆ ☆ ☆ ☆

CIRCLE | BREAKFAST | BRUNCH | LUNCH | APPETIZER | DINNER | DESSERT | DRINK

MUST ORDER: ....

....

....

AVOID: ....

....

....

NOTES: ....

....

....

....

....

....

....

....

....

....

....

....

....

....

....

RESTAURANT		DATE	___ / ___ / ___
LOCATION		RATE	☆ ☆ ☆ ☆ ☆

CIRCLE | BREAKFAST | BRUNCH | LUNCH | APPETIZER | DINNER | DESSERT | DRINK

MUST ORDER:
....

....

AVOID:
....

....

NOTES:
....

....

....

....

....

....

....

....

....

....

....

....

....

....

RESTAURANT		DATE	__ / __ / __
LOCATION		RATE	☆ ☆ ☆ ☆ ☆

CIRCLE | BREAKFAST | BRUNCH | LUNCH | APPETIZER | DINNER | DESSERT | DRINK

MUST ORDER: ....

....

....

AVOID: ....

....

....

NOTES: ....

....

....

....

....

....

....

....

....

....

....

....

....

....

....

There is nothing in the world that good food cannot fix.

Kevin Kwan

RESTAURANT		DATE	___ / ___ / ___
LOCATION		RATE	☆ ☆ ☆ ☆ ☆

CIRCLE: BREAKFAST | BRUNCH | LUNCH | APPETIZER | DINNER | DESSERT | DRINK

MUST ORDER: ....

....

....

AVOID: ....

....

NOTES: ....

....

....

....

....

....

....

....

....

....

....

....

....

....

....

| RESTAURANT \| | DATE ___/___/___ |
| LOCATION \| | RATE ☆ ☆ ☆ ☆ ☆ |

CIRCLE BREAKFAST | BRUNCH | LUNCH | APPETIZER | DINNER | DESSERT | DRINK

MUST ORDER: ....

....

....

AVOID: ....

....

NOTES: ....

....

....

....

....

....

....

....

....

....

....

....

....

....

....

 —— 74 ——

RESTAURANT |	DATE	__/__/__
LOCATION |	RATE	☆ ☆ ☆ ☆ ☆

CIRCLE | BREAKFAST | BRUNCH | LUNCH | APPETIZER | DINNER | DESSERT | DRINK

MUST ORDER: ....

....

....

AVOID: ....

....

NOTES: ....

....

....

....

....

....

....

....

....

....

....

....

....

....

....

RESTAURANT |	DATE ___ / ___ / ___
LOCATION |	RATE ☆ ☆ ☆ ☆ ☆

CIRCLE: BREAKFAST | BRUNCH | LUNCH | APPETIZER | DINNER | DESSERT | DRINK

MUST ORDER: ....

....

....

AVOID: ....

....

NOTES: ....

....

....

....

....

....

....

....

....

....

....

....

....

....

....

....

....

Looking forward to things is half the pleasure of them.
Lucy Maud Montgomery

RESTAURANT		DATE	___ / ___ / ___
LOCATION		RATE	☆ ☆ ☆ ☆ ☆

CIRCLE | BREAKFAST | BRUNCH | LUNCH | APPETIZER | DINNER | DESSERT | DRINK

MUST ORDER:

....

....

AVOID:

....

....

NOTES:

....

....

....

....

....

....

....

....

....

....

....

....

....

....

RESTAURANT		DATE	___ / ___ / ___
LOCATION		RATE	☆ ☆ ☆ ☆ ☆

CIRCLE: BREAKFAST | BRUNCH | LUNCH | APPETIZER | DINNER | DESSERT | DRINK

MUST ORDER: ....

....

....

AVOID: ....

....

....

NOTES: ....

....

....

....

....

....

....

....

....

....

....

....

....

....

....

RECIPES

Cooking is like love. It should be entered into with abandon or not at all.

Harriet van Horne

RECIPE		DATE	__ / __ / __
SOURCE		RATE	☆ ☆ ☆ ☆ ☆

CIRCLE: APPETIZER | SALAD | ENTREE | SIDE | DESSERT | DRINK

SERVING SIZE | PREP TIME | COOK TIME |

INGREDIENTS

....
....
....
....
....
....
....

DIRECTIONS

....
....
....
....
....
....
....
....
....
....
....
....
....

NOTES:

NUTRITION:

If more of us valued food and cheer and song above hoarded gold, it would be a merrier world.

J. R. R. Tolkien

RECIPE		DATE __ / __ / __
SOURCE		RATE ☆ ☆ ☆ ☆ ☆

CIRCLE | APPETIZER | SALAD | ENTREE | SIDE | DESSERT | DRINK

SERVING SIZE | PREP TIME | COOK TIME |

INGREDIENTS

....
....
....
....
....
....
....

DIRECTIONS

....
....
....
....
....
....
....
....
....
....
....
....

NOTES:

NUTRITION:

RECIPE |	DATE ___ / ___ / ___
SOURCE |	RATE ☆ ☆ ☆ ☆ ☆

CIRCLE | APPETIZER | SALAD | ENTREE | SIDE | DESSERT | DRINK

SERVING SIZE | PREP TIME | COOK TIME |

INGREDIENTS

....
....
....
....
....
....
....

DIRECTIONS

....
....
....
....
....
....
....
....
....
....
....
....
....
....

NOTES:

_____
_____
_____
_____
_____
_____
_____
_____
_____
_____
_____
_____
_____
_____
_____
_____
_____
_____
_____
_____
_____

NUTRITION:

_____
_____
_____
_____

RECIPE		DATE	___ / ___ / ___
SOURCE		RATE	☆ ☆ ☆ ☆ ☆

CIRCLE: APPETIZER | SALAD | ENTREE | SIDE | DESSERT | DRINK

SERVING SIZE | PREP TIME | COOK TIME |

INGREDIENTS

....

....

....

....

....

....

....

DIRECTIONS

....

....

....

....

....

....

....

....

....

....

....

....

....

NOTES:

_____
_____
_____
_____
_____
_____
_____
_____
_____
_____
_____
_____
_____
_____
_____
_____
_____
_____
_____

NUTRITION:

_____
_____
_____
_____

RECIPE |		DATE	___ / ___ / ___
SOURCE |		RATE	☆ ☆ ☆ ☆ ☆

CIRCLE	APPETIZER	SALAD	ENTREE	SIDE	DESSERT	DRINK

SERVING SIZE | PREP TIME | COOK TIME |

INGREDIENTS

....

....

....

....

....

....

....

DIRECTIONS

....

....

....

....

....

....

....

....

....

....

....

....

....

NOTES:

_____
_____
_____
_____
_____
_____
_____
_____
_____
_____
_____
_____
_____
_____
_____
_____
_____
_____
_____
_____

NUTRITION:

_____
_____
_____
_____

Vegetables are a must on a diet. I suggest carrot cake, zucchini bread, and pumpkin pie.

Jim Davis

RECIPE		DATE	___/___/___

RECIPE |

SOURCE |

DATE ___/___/___

RATE ☆ ☆ ☆ ☆ ☆

CIRCLE | APPETIZER | SALAD | ENTREE | SIDE | DESSERT | DRINK

SERVING SIZE | PREP TIME | COOK TIME |

INGREDIENTS

....
....
....
....
....
....
....

DIRECTIONS

....
....
....
....
....
....
....
....
....
....
....
....
....

NOTES:

NUTRITION:

RECIPE		DATE	___ / ___ / ___
SOURCE		RATE	☆ ☆ ☆ ☆ ☆

CIRCLE | APPETIZER | SALAD | ENTREE | SIDE | DESSERT | DRINK

SERVING SIZE | PREP TIME | COOK TIME |

INGREDIENTS

....
....
....
....
....
....
....

DIRECTIONS

....
....
....
....
....
....
....
....
....
....
....
....

NOTES:

_____
_____
_____
_____
_____
_____
_____
_____
_____
_____
_____
_____
_____
_____
_____
_____
_____
_____

NUTRITION:

_____
_____
_____
_____

RECIPE		DATE	___ / ___ / ___
SOURCE		RATE	☆ ☆ ☆ ☆ ☆

CIRCLE APPETIZER | SALAD | ENTREE | SIDE | DESSERT | DRINK

SERVING SIZE | PREP TIME | COOK TIME |

INGREDIENTS

....
....
....
....
....
....
....

DIRECTIONS

....
....
....
....
....
....
....
....
....
....
....
....
....
....

NOTES:

_____
_____
_____
_____
_____
_____
_____
_____
_____
_____
_____
_____
_____
_____
_____
_____
_____
_____
_____
_____
_____
_____
_____

NUTRITION:

_____
_____
_____
_____

RECIPE		DATE	___ / ___ / ___
SOURCE		RATE	☆ ☆ ☆ ☆ ☆

CIRCLE | APPETIZER | SALAD | ENTREE | SIDE | DESSERT | DRINK

SERVING SIZE | PREP TIME | COOK TIME |

INGREDIENTS

....

....

....

....

....

....

....

DIRECTIONS

....

....

....

....

....

....

....

....

....

....

....

....

....

NOTES:

NUTRITION:

Promises and pie crusts are made to be broken.

Jonathan Swift

RECIPE		DATE	___ / ___ / ___
SOURCE		RATE	☆ ☆ ☆ ☆ ☆

CIRCLE | APPETIZER | SALAD | ENTREE | SIDE | DESSERT | DRINK

SERVING SIZE | PREP TIME | COOK TIME |

INGREDIENTS

....
....
....
....
....
....
....

DIRECTIONS

....
....
....
....
....
....
....
....
....
....
....
....
....

NOTES:

_____
_____
_____
_____
_____
_____
_____
_____
_____
_____
_____
_____
_____
_____
_____
_____
_____
_____
_____

NUTRITION:

_____
_____
_____
_____

RECIPE |	DATE ___ / ___ / ___
SOURCE |	RATE ☆ ☆ ☆ ☆ ☆

CIRCLE | APPETIZER | SALAD | ENTREE | SIDE | DESSERT | DRINK

SERVING SIZE | PREP TIME | COOK TIME |

INGREDIENTS

....
....
....
....
....
....
....

DIRECTIONS

....
....
....
....
....
....
....
....
....
....
....
....
....
....

NOTES:

_____
_____
_____
_____
_____
_____
_____
_____
_____
_____
_____
_____
_____
_____
_____
_____
_____
_____
_____
_____
_____
_____

NUTRITION:

_____
_____
_____
_____

RECIPE		DATE	___ / ___ / ____
SOURCE		RATE	☆ ☆ ☆ ☆ ☆

CIRCLE | APPETIZER | SALAD | ENTREE | SIDE | DESSERT | DRINK

SERVING SIZE | PREP TIME | COOK TIME |

INGREDIENTS

....
....
....
....
....
....
....

DIRECTIONS

....

 108

NOTES:

NUTRITION:

RECIPE		DATE	___ / ___ / ___
SOURCE		RATE	☆ ☆ ☆ ☆ ☆

CIRCLE: APPETIZER | SALAD | ENTREE | SIDE | DESSERT | DRINK

SERVING SIZE | PREP TIME | COOK TIME |

INGREDIENTS

DIRECTIONS

NOTES:

_____
_____
_____
_____
_____
_____
_____
_____
_____
_____
_____
_____
_____
_____
_____
_____
_____
_____
_____
_____
_____

NUTRITION:

_____
_____
_____

Man shall not live on bread alone.

The Bible

RECIPE		DATE	___ / ___ / ___
SOURCE		RATE	☆ ☆ ☆ ☆ ☆

CIRCLE	APPETIZER	SALAD	ENTREE	SIDE	DESSERT	DRINK

SERVING SIZE | PREP TIME | COOK TIME |

INGREDIENTS

....
....
....
....
....
....
....

DIRECTIONS

....
....
....
....
....
....
....
....
....
....
....
....
....

NOTES:

NUTRITION:

RECIPE		DATE	___ / ___ / ___
SOURCE		RATE	☆ ☆ ☆ ☆ ☆

CIRCLE	APPETIZER	SALAD	ENTREE	SIDE	DESSERT	DRINK

SERVING SIZE		PREP TIME		COOK TIME	

INGREDIENTS

....

....

....

....

....

....

....

DIRECTIONS

....

....

....

....

....

....

....

....

....

....

....

....

....

NOTES:

_____
_____
_____
_____
_____
_____
_____
_____
_____
_____
_____
_____
_____
_____
_____
_____
_____
_____
_____
_____

NUTRITION:

_____
_____
_____
_____

RECIPE |		DATE ___/___/___
SOURCE |		RATE ☆ ☆ ☆ ☆ ☆

CIRCLE | APPETIZER | SALAD | ENTREE | SIDE | DESSERT | DRINK

SERVING SIZE | PREP TIME | COOK TIME |

INGREDIENTS

....

....

....

....

....

....

....

DIRECTIONS

....

....

....

....

....

....

....

....

....

....

....

....

....

....

NOTES:

_____

_____

_____

_____

_____

_____

_____

_____

_____

_____

_____

_____

_____

_____

_____

_____

_____

_____

_____

_____

NUTRITION:

_____

_____

_____

_____

RECIPE		DATE	___ / ___ / ___
SOURCE		RATE	☆ ☆ ☆ ☆ ☆

CIRCLE APPETIZER | SALAD | ENTREE | SIDE | DESSERT | DRINK

SERVING SIZE | PREP TIME | COOK TIME |

INGREDIENTS

....
....
....
....
....
....
....

DIRECTIONS

....
....
....
....
....
....
....
....
....
....
....
....
....
....

NOTES:

_____

_____

_____

_____

_____

_____

_____

_____

_____

_____

_____

_____

_____

_____

_____

_____

_____

_____

_____

_____

NUTRITION:

_____

_____

_____

_____

A balanced diet is a cookie in each hand.

Barbara Johnson

RECIPE		DATE	___ / ___ / ___
SOURCE		RATE	☆ ☆ ☆ ☆ ☆

| CIRCLE | APPETIZER | SALAD | ENTREE | SIDE | DESSERT | DRINK |

| SERVING SIZE | | PREP TIME | | COOK TIME | |

INGREDIENTS

....
....
....
....
....
....
....

DIRECTIONS

....
....
....
....
....
....
....
....
....
....
....
....
....

NOTES:

....

....

....

....

....

....

....

....

....

....

....

....

....

....

....

....

....

....

....

....

NUTRITION:

....

....

....

....

RECIPE		DATE	___ / ___ / ___
SOURCE		RATE	☆ ☆ ☆ ☆ ☆

CIRCLE

APPETIZER | SALAD | ENTREE | SIDE | DESSERT | DRINK

SERVING SIZE | PREP TIME | COOK TIME |

INGREDIENTS

....
....
....
....
....
....
....

DIRECTIONS

....
....
....
....
....
....
....
....
....
....
....
....
....

NOTES:

_____

_____

_____

_____

_____

_____

_____

_____

_____

_____

_____

_____

_____

_____

_____

_____

_____

_____

NUTRITION:

_____

_____

_____

_____

RECIPE		DATE	___ / ___ / ___
SOURCE		RATE	☆ ☆ ☆ ☆ ☆

CIRCLE	APPETIZER	SALAD	ENTREE	SIDE	DESSERT	DRINK

SERVING SIZE | PREP TIME | COOK TIME |

INGREDIENTS

....
....
....
....
....
....
....

DIRECTIONS

....
....
....
....
....
....
....
....
....
....
....
....

NOTES:

NUTRITION:

RECIPE |		DATE ___ / ___ / _____
SOURCE |		RATE ☆ ☆ ☆ ☆ ☆

CIRCLE | APPETIZER | SALAD | ENTREE | SIDE | DESSERT | DRINK

SERVING SIZE | PREP TIME | COOK TIME |

INGREDIENTS

....
....
....
....
....
....
....

DIRECTIONS

....
....
....
....
....
....
....
....
....
....
....
....

NOTES:

NUTRITION:

If you're afraid of butter, use cream.

Julia Child

RECIPE		DATE	___ / ___ / ___

RECIPE |

SOURCE |

DATE ___ / ___ / ___

RATE ☆ ☆ ☆ ☆ ☆

CIRCLE APPETIZER | SALAD | ENTREE | SIDE | DESSERT | DRINK

SERVING SIZE | PREP TIME | COOK TIME |

INGREDIENTS

....
....
....
....
....
....
....

DIRECTIONS

....
....
....
....
....
....
....
....
....
....
....
....
....
....

NOTES:

NUTRITION:

RECIPE		DATE	___/___/___
SOURCE		RATE	☆ ☆ ☆ ☆ ☆

CIRCLE   APPETIZER | SALAD | ENTREE | SIDE | DESSERT | DRINK

SERVING SIZE | PREP TIME | COOK TIME |

INGREDIENTS

....
....
....
....
....
....
....

DIRECTIONS

....
....
....
....
....
....
....
....
....
....
....
....
....

NOTES:

_____
_____
_____
_____
_____
_____
_____
_____
_____
_____
_____
_____
_____
_____
_____
_____
_____
_____
_____

NUTRITION:

_____
_____
_____
_____

| RECIPE \| | DATE ___ / ___ / ___ |
| SOURCE \| | RATE ☆ ☆ ☆ ☆ ☆ |

CIRCLE | APPETIZER | SALAD | ENTREE | SIDE | DESSERT | DRINK

SERVING SIZE | PREP TIME | COOK TIME |

INGREDIENTS

....
....
....
....
....
....
....

DIRECTIONS

....
....
....
....
....
....
....
....
....
....
....
....
....

NOTES: ....

....

....

....

....

....

....

....

....

....

....

....

....

....

....

....

....

....

....

....

....

NUTRITION: ....

....

....

....

....

RECIPE		DATE	___ / ___ / ___
SOURCE		RATE	☆ ☆ ☆ ☆ ☆

CIRCLE	APPETIZER	SALAD	ENTREE	SIDE	DESSERT	DRINK

SERVING SIZE | PREP TIME | COOK TIME |

INGREDIENTS

....
....
....
....
....
....
....

DIRECTIONS

....
....
....
....
....
....
....
....
....
....
....
....
....
....

NOTES:

....

....

....

....

....

....

....

....

....

....

....

....

....

....

....

....

....

....

....

....

....

NUTRITION:

....

....

....

The secret of success in life is to eat what you like and let the food fight it out inside.

Mark Twain

RECIPE |	DATE __ / __ / ____
SOURCE |	RATE ☆ ☆ ☆ ☆ ☆

CIRCLE | APPETIZER | SALAD | ENTREE | SIDE | DESSERT | DRINK

SERVING SIZE | PREP TIME | COOK TIME |

INGREDIENTS

....

....

....

....

....

....

....

DIRECTIONS

....

....

....

....

....

....

....

....

....

....

....

....

....

NOTES:

NUTRITION:

RECIPE |		DATE ___ / ___ / ____
SOURCE |		RATE ☆ ☆ ☆ ☆ ☆

CIRCLE	APPETIZER | SALAD | ENTREE | SIDE | DESSERT | DRINK

SERVING SIZE |	PREP TIME |	COOK TIME |

INGREDIENTS

....
....
....
....
....
....
....

DIRECTIONS

....
....
....
....
....
....
....
....
....
....
....
....
....

NOTES:

....
....
....
....
....
....
....
....
....
....
....
....
....
....
....
....
....
....
....
....

NUTRITION:

....
....
....
....
....

RECIPE |	DATE ___ / ___ / ___
SOURCE |	RATE ☆ ☆ ☆ ☆ ☆

CIRCLE | APPETIZER | SALAD | ENTREE | SIDE | DESSERT | DRINK

SERVING SIZE | PREP TIME | COOK TIME |

INGREDIENTS

DIRECTIONS

NOTES:

NUTRITION:

RECIPE		DATE	___ / ___ / ___
SOURCE		RATE	☆ ☆ ☆ ☆ ☆

CIRCLE	APPETIZER | SALAD | ENTREE | SIDE | DESSERT | DRINK

SERVING SIZE	PREP TIME	COOK TIME

INGREDIENTS

....
....
....
....
....
....
....

DIRECTIONS

....
....
....
....
....
....
....
....
....
....
....
....
....

NOTES:

NUTRITION:

What I say is that, if a man really likes potatoes, he must be a pretty decent sort of fellow.

A. A. Milne

RECIPE		DATE	___ / ___ / ___
SOURCE		RATE	☆ ☆ ☆ ☆ ☆

CIRCLE | APPETIZER | SALAD | ENTREE | SIDE | DESSERT | DRINK

SERVING SIZE | PREP TIME | COOK TIME |

INGREDIENTS

....
....
....
....
....
....
....

DIRECTIONS

....
....
....
....
....
....
....
....
....
....
....
....
....

NOTES:

_____
_____
_____
_____
_____
_____
_____
_____
_____
_____
_____
_____
_____
_____
_____
_____
_____
_____
_____
_____

NUTRITION:

_____
_____
_____
_____

RECIPE |		DATE	___ / ___ / ___
SOURCE |		RATE	☆ ☆ ☆ ☆ ☆

CIRCLE | APPETIZER | SALAD | ENTREE | SIDE | DESSERT | DRINK

SERVING SIZE | PREP TIME | COOK TIME |

INGREDIENTS

....
....
....
....
....
....
....

DIRECTIONS

....
....
....
....
....
....
....
....
....
....
....
....
....

NOTES:

NUTRITION:

RECIPE		DATE	___ / ___ / ___
SOURCE		RATE	☆ ☆ ☆ ☆ ☆

CIRCLE: APPETIZER | SALAD | ENTREE | SIDE | DESSERT | DRINK

SERVING SIZE | PREP TIME | COOK TIME |

INGREDIENTS

....
....
....
....
....
....
....

DIRECTIONS

....
....
....
....
....
....
....
....
....
....
....
....
....
....

NOTES:

_____
_____
_____
_____
_____
_____
_____
_____
_____
_____
_____
_____
_____
_____
_____
_____
_____
_____
_____
_____

NUTRITION:

_____
_____
_____
_____

RECIPE		DATE	___ / ___ / ___
SOURCE		RATE	☆ ☆ ☆ ☆ ☆

| CIRCLE | APPETIZER | SALAD | ENTREE | SIDE | DESSERT | DRINK |

| SERVING SIZE | | PREP TIME | | COOK TIME | |

INGREDIENTS

....
....
....
....
....
....
....

DIRECTIONS

....
....
....
....
....
....
....
....
....
....
....
....
....

NOTES:

....

....

....

....

....

....

....

....

....

....

....

....

....

....

....

....

....

....

....

NUTRITION:

....

....

....

Once you get a spice in your home, you have it forever. Women never throw out spices.
The Egyptians were buried with their spices.

Erma Bombeck

RECIPE		DATE	___ / ___ / ____
SOURCE		RATE	☆ ☆ ☆ ☆ ☆

| CIRCLE | APPETIZER | SALAD | ENTREE | SIDE | DESSERT | DRINK |

SERVING SIZE | PREP TIME | COOK TIME |

INGREDIENTS

....
....
....
....
....
....
....

DIRECTIONS

....
....
....
....
....
....
....
....
....
....
....
....
....

NOTES:

NUTRITION:

RECIPE		DATE ___/___/___
SOURCE		RATE ☆ ☆ ☆ ☆ ☆

CIRCLE	APPETIZER	SALAD	ENTREE	SIDE	DESSERT	DRINK

SERVING SIZE	PREP TIME	COOK TIME

INGREDIENTS

....
....
....
....
....
....
....

DIRECTIONS

....
....
....
....
....
....
....
....
....
....
....
....
....
....

NOTES:

NUTRITION:

RECIPE			DATE	___ / ___ / ___
SOURCE			RATE	☆ ☆ ☆ ☆ ☆

CIRCLE: APPETIZER | SALAD | ENTREE | SIDE | DESSERT | DRINK

SERVING SIZE | PREP TIME | COOK TIME |

INGREDIENTS

....
....
....
....
....
....
....

DIRECTIONS

....
....
....
....
....
....
....
....
....
....
....
....

NOTES:

NUTRITION:

RECIPE		DATE	___/___/___
SOURCE		RATE	☆ ☆ ☆ ☆ ☆

CIRCLE | APPETIZER | SALAD | ENTREE | SIDE | DESSERT | DRINK

SERVING SIZE | PREP TIME | COOK TIME |

INGREDIENTS

....
....
....
....
....
....
....

DIRECTIONS

....
....
....
....
....
....
....
....
....
....
....
....
....
....

NOTES:

_____

_____

_____

_____

_____

_____

_____

_____

_____

_____

_____

_____

_____

_____

_____

_____

_____

_____

_____

_____

_____

NUTRITION:

_____

_____

_____

The most remarkable thing about my mother is that for thirty years she served the family
nothing but leftovers. The original meal has never been found.

Calvin Trillin

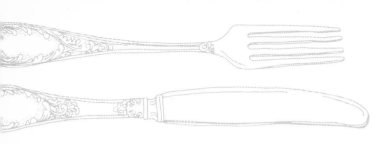

Ellie Claire
Hachette Book Group
1290 Avenue of the Americas, New York, NY 10104
ellieclaire.com

First edition: June 2020

Ellie Claire is a division of Hachette Book Group, Inc. The Ellie Claire name and logo are trademarks of Hachette Book Group, Inc.

Print book interior design by Bart Dawson.

ISBN: 9781546015345 (hardcover)

Printed in China
RRD-S
10 9 8 7 6 5 4 3 2 1